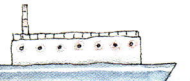

HOW TO TURN WAR INTO PEACE Written by Louise Armstrong and Illustrated by Hyun Seo
Text copyright ⓒ 1979 by Louise Armstrong | Illustrations copyright ⓒ 2015 by Hyun Seo | All rights reserved.

평화징검돌 04 **전쟁을 평화로 바꾸는 방법**
루이즈 암스트롱 글 | 서현 그림 | 서애경 옮김

2023년 9월 22일 1판 9쇄 | **편집** 박소현 | **디자인** 샘숯다 | **펴낸이** 최옥미 | **펴낸곳** (주)평화를품은책 | **주소** 경기도 파주시 파평산로389번길 42-19
전화 031-955-9490 | **팩스** 031-955-9493 | **이메일** peacebook2014@gmail.com | **블로그** blog.naver.com/peacebook2014 | **페이스북** facebook.com/book.peace.52

평화를품은책은 자연과 사람, 사람과 사람이 더불어 평화롭게 사는 세상을 만들고자 합니다.

ISBN 979-11-85928-06-7 77340

이 책의 국립중앙도서관 출판예정도서목록(CIP)은 국가자료공동목록시스템(http://www.nl.go.kr/kolisnet)에서 이용하실 수 있습니다. (CIP제어번호: CIP2015017968)

어린이제품안전특별법에 따른 표시 사항
제품명 도서 | **제조연월** 2023년 9월 | **제조국명** 대한민국 | **제조자명** (주)평화를품은책 | **사용연령** 7세 이상

전쟁을 평화로 바꾸는 방법

루이즈 암스트롱 글 | 서현 그림 | 서애경 옮김

평화를품은책

앤 수지야. 네가 모래성을 쌓고 있는데,
수지가 와서 네 옆에다 모래성을 쌓는다고 해 봐.

수지가 네 모래성에 너무 가까이 달라붙는다면
둘 사이가 나빠질지도 몰라. 두 모래성 사이 땅을 두고
말썽이 생길 수 있겠지.

만약 두 나라 사이에 이런 일이 벌어진다면,
그곳을 일컬어 **분쟁 위험 지역**이 되었다고 해.

네가 네 모래성을 빙 둘러 물길을 파 놓았는데, 수지가 제 모래성에서 퍼낸 모래를 거기에 버렸다고 해 봐. 너에게는 못마땅한 일이지. 너는 소리를 지르겠지. "비켜!" **분쟁**이 시작되는 거야.

수지도 맞받아 소리치겠지. "네가 비켜!" 서로 자기가 맞다고 우기면
둘 사이에 **충돌**이 생겨. 수지는 네 친구가 아니라 **적**이 되는 거지.

수지가 삽을 치켜드는 걸 행동으로 보여 준다면, 그건 **경고 신호**를 보낸 것이 돼.

수지는 "삽을 던져 버릴 테다!" 하고 말로 할 수도 있어. 그런 말과 행동을 **선전 포고**라고 해. 먼저 **폭력**을 쓰겠다고 으름장을 놓는 거야.

네가 수지에게 "어림없지. 네가 어떻게 날 맞혀?" 하고 말했다고 해 봐.
너는 수지에게 그럴 능력이 없다고 판단한 거지. 그건 네가 **적의 전투력을 평가**한 것이 돼. 너는 "나는 뭐 삽이 없는 줄 알아?" 하고 말할 수도 있어.

너는 **전쟁 억제력**을 사용한 거야. 전쟁 억제력이란, 강력한 무기가 있다는 걸 과시함으로써 적이 공격하지 못하도록 막는 전쟁 기술을 말해.
이때 네가 보여 주는 삽을 **전쟁 억제 무기**라고 해.

네가 먼저 삽을 던졌는데, 그만 빗맞았다고 해 봐.
너는 큰소리만 친 게 되지. 두 나라 사이의 전쟁에서는
그걸 일컬어 **국가의 위신**을 잃었다고 해.

수지도 너한테 삽을 던졌는데, 네가 맞았다고 해 봐.
그걸 일컬어 **보복 공격**에 성공했다고 해.

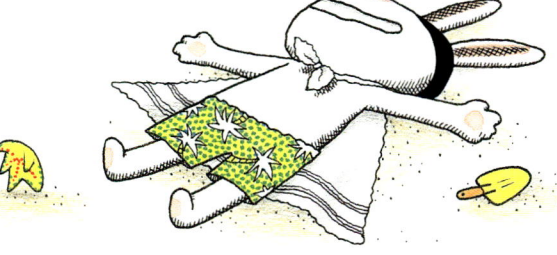

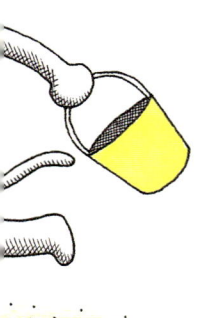

너는 잔뜩 화가 나서 "다 부숴 버릴 테다!" 하고 소리칠 수도 있어.
수지의 모래성으로 쳐들어가겠다는 거지. 그걸 일컬어 **침략**이라고 해.

네 편이 될 친구들을 불러 모을 수도 있어.
그럼 그 친구들이랑 너는 **동맹 관계**를 맺는 거야.

너랑 네 친구들이 의논하는 틈을 타 수지가 네 모래성에
물을 끼얹었으면, 그건 **기습 공격**을 한 게 돼.

너는 무기를 찾고 친구들을 불러 모을 거야.
본격적인 침략을 위해 준비하는 일을
전력 증강이라고 해.

전쟁을 치르는 중에 배가 고파 점심을 먹기 위해 양쪽 다 쉬기로 했다고 하면, 그건 **임시 휴전**이라고 해. 그런데 수지가 모래를 발로 차서 네 샌드위치를 못 먹게 만들어 버릴 수도 있어. 그런 행동을 일컬어 **도발**이라고 해. 수지가 다시 **전투 재개** 신호를 보낸 거지.

이때 피위라는 친구가 나타나서 "너희들 왜 그래?" 할 수도 있어.
피위는 수지 편도 네 편도 아니야. 그걸 **중립**을 지킨다고 해.

피위는 너희 둘 사이를 대화를 통해 풀려고 하지.
이렇게 협상으로 분쟁을 해결하려는 노력을 **외교**라고 해.

피위는 수지와 너, 둘 사이를 왔다 갔다 하면서 서로의 말을 전하지.
그걸 **왕복 외교**라고 해.

피위는 **외교술**을 잘 발휘해서 **화해**를 시키려고 하는 거야.

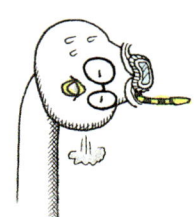

피위는 두 모래성 사이에 네 땅도 수지 땅도 아닌 **중립 지대**를 만들자고 해.
수지는 그걸 거부하지.

피위는 네 모래성과 수지의 모래성을 조금씩만 줄이자고 해. 그걸 **양보**라고 해.
그건 또 네가 거부하지.

피위는 인명구조원의 의견을 들어 보자고 제안해. 구조원이 결정하는 대로 따르자는 거지. 네 편도 아니고 수지 편도 아닌 다른 사람을 개입시켜 그 결정에 따르는 걸 **중재**에 붙인다고 해. 너랑 수지는 이것도 거부하지.

마침내 피위는 "그럼 두 모래성을 합치는 건 어때?" 하고 물어봐.
둘이 합치면 훨씬 더 큰 모래성이 될 거라는 거야.

이번에는 너희 둘 다 마음에 들어 하지. 이처럼 양쪽 모두에 이득이 되는 일을 **상호 호혜**라고 해.

수지가 자기 삽을 버리면, **무장 해제**하는 게 돼.

너도 네 삽을 버리면, **상호 무장 해제**하는 게 돼.

마침내 전쟁이 끝나고……

다시 **평화**가 찾아와.

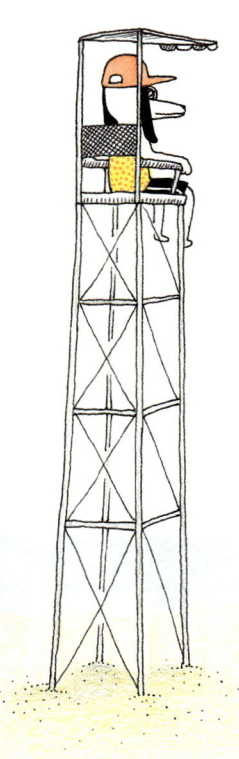